거미의 비행

인지
생략

| 들꽃동인선 43 | 고흥작가회 제7집 |

거미의 비행

2012년 11월 10일 초판인쇄
2012년 11월 17일 초판펴냄

지은이/김명숙 외

펴낸이/문창길

펴낸곳/도서출판 들꽃
주 소/100-273 서울 중구 필동3가 21-8 서울캐피탈빌딩 B202호
전 화/02)2267-6833, 2273-1506
팩 스/02)2268-7067
출판등록/제5-313호(1992. 5. 15)
E-mail:dlkot108@hanmail.net

값 8,000원

* 파본된 책은 바꾸어 드립니다.

ISBN 978-89-6143-158-3 04810
ISBN 978-89-89607-15-9(세트)

■ 이 책은 고흥군과 고흥군의회의 지원으로 출판 제작 되었습니다.

들꽃동인선 43

거미의 비행

| 고흥작가회 제7집 |

김명숙

김선자

김훤구

남선현

박부민

박호민

송만철

양동선

오동규

이광호

이기현

임규상

장수라

조경선

책머리에

길가 파편처럼 널브러진 삶의 흔적들이 아름다운 형태를 갖춰나가는 초보적 태동에서 벗어나 질적 가치를 추구하며 생활의 윤택함을 이루려 부단히 땀 흘려 뛰었으리라 믿고 싶다. 구성원의 일원으로 각기 다른 지역에서 고흥이란 연고를 찾아 때론 기억과 추억이 상존한 곳으로 아련함을 느끼며 가끔은 허탈한 기분으로 생의 질곡을 찔려서 피투성이가 된 채 상처를 얼싸안고 고통의 나날을 상기하며 가슴에 새긴 자신만의 소중한 것들을 풀어내어 한올한올 길쌈하듯 수놓아 보기도 하고, 한편으로는 이 땅의 참모습을 찾으려 용기 내어 두주먹 불끈 쥐어 보고 이웃들의 애잔한 모습이 너무 슬퍼 울기도 하며 스치는 부모님의 희미한 회상들이 더욱 깊게 다가와 시리도록 쓰린 마음 할퀴고 지나간 자리엔 어김없이 서로의 얘기가 형상화 되어 한편의 詩가 되기도 한다.

이렇게 찾고 표현하며 노래하는 우리들의 행위가 이 땅의 정서로 자리 잡아 보다 활기찬 생활의 모습으로 이웃하여 스치는 기억까지 함께할 수 있는 소중한 날들이 지속되길 소망하며 함께한 순간을 수확해 본다. 매년 이때쯤이면 우리는 망설임과 고민으로 갈등하며 가꿔온 詩 농사를 삶의 부분으로 생각하며 남 앞에 선보일 알곡들을 고르느라 불면의 시간이 자리 잡고 한 땀 한 땀 엮고 가꾸며 또 한해를 마무리하고 있는 것 같다. 우리가 만나 서로가 소통하며 찾고 꿈꾸는 것은 뭘까?

이 땅 소외되고 잊혀져간 순연의 모습들을 고집스럽게 표현하고 때론 열정과 의욕으로 가득찬 자신의 세계를 꿈꾸며 넉넉한 가슴으로 주변을 감싸 안고 함께하고자 무던히 애쓰며 스스로 채찍해 보지만 빈약한 가슴은 늘 싸늘한 냉기만 뿜어내고 있는 것은 아닌지.

만나고 헤어지며 썩고 부러져 떨어지고 남은 것 하나 없는 가난한 정신이 처절한 모습으로 이 땅의 향취를 만들어 보려 쉼 없이 부딪혀 보지만 보편타당한 자아에 도취해 이율배반적인 행위를 하고 질펵한 삶의 모습을 관통하지 못하고 손끝에 매달리는 것은 아닌지 다시 한번 반문하고 싶다. 올해는 주변의 변화가 인간들의 그릇된 생각들로 인해 자연을 분노케 해 여러 형태의 재앙을 부르고 끝없이 떨어지는 추악한 양심들은 이 땅을 유린하고 있다. 오랜 가뭄과 태풍, 환경오염으로 발생된 여러 현상들이 힘든 현실을 더욱 힘들게 하고 오욕의 시간을 삼키며 씁쓸히 한해를 움켜쥐고 있지는 않은지. 일곱번의 해를 거듭하며 매년 다짐하건만 늘 부족하다. 알곡을 채워 놓고 독을 보면 늘 배고파 허기진 모습으로 비어있다. 그래도 정성을 다한 수확물이기에 세상에 내놓고 여러분의 논밭에 씨앗으로 간직되길 소망해 본다.

이천십이년 십일월

빈독골에서 수확한 곡식을 바라보며

고흥작가회 남선현

| 차례 | 거미의 비행 |

남선현

박부민

박호민

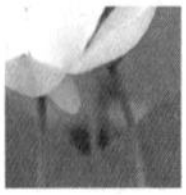

| 차례 | 거미의 비행 |

장수라

조경선

만추
풍경에 빠져 풍경이 되다
오디 상사 몽相思 夢
산수유
나비

김 명 숙

김명숙

전남 고흥 출생. 제4회 부천신인문학상 시 당선, 제1회 『한국아동문학』 신인상 동시당선 등단. 초등학교 5학년 음악교과서 「새싹」 작자. 시집 『그 여자의 바다』. 가곡 「그대 그리워」 외 18곡 발표. 동요 「새싹」 외 20곡 발표. 현재 초 · 중 논술강사, 사회교육 강사.

시작노트

올 여름은 유난히도 더웠다. 또한 초강력 태풍 볼라벤도 지나갔다. 인간이 위대하다고는 하지만 자연의 힘 앞에서는 또 한번 속수무책일 수밖에 없었다. 태풍 전야는 온 국민을 겁쟁이로 만들고도 남았다. 때마침 아는 지인, 여럿으로부터 안부 문자가 왔다. "태풍에 피해가 없느냐고, 간밤 무탈하느냐고…" 목소리 없는 안부였지만 달가웠다. 세상에 나를 염려하며 안부를 물어주는 사람, 그런 사람이 있다는 게 얼마나 행복하고 가슴 떨리는 일인가. 그 사람들과 함께 이 세상을 살아간다는 게 얼마나 다행스러운 일인가. 덕분에 가슴 훈훈해지는 가을을 맞겠다. 사는 동안에 누군가에게 나도 따스한 말 한마디로 그 가슴 얼얼하게 해줄 수만 있다면 그 아니 또 좋겠는가. 올 가을엔 한 아름의 사랑을 가슴에 품어야겠다. 그리하여 실꾸러미 풀 듯 풀어 내어 세상을 향해 흩뿌려야겠다.

만추

아무 때나 떠나가지 마세요.
찬바람이 불어와도 모른 척 하세요.
한낮이 끝나고, 어둠이 날개를 펴
별이 총총 은하수 이루는 밤,
세상이 모두 잠든 틈을 타
기분 좋은 몸짓으로 휘파람 불며
그대 먼 길 떠나세요.
가야 할 그 곳에도 큰 강이 있고
밤이면 풀벌레 울고 별이 뜨는 곳이면 좋겠어요.
환한 등불 켜지는 마을이 있고,
따뜻한 마음들이 모여 사는 곳이면 좋겠어요.
그런 곳에 하르르 몸을 뉘이고
풀꽃이랑 도란도란 살았으면 좋겠어요.

풍경에 빠져 풍경이 되다

바람 간간히 불고 초록잎새 길을 여는 오후
차를 몰고 길을 떠났는데요
길을 잘못 들어 어느 야트막한 산자락에 도착하게 되었지요
여름이라 큰소리로 우는 매미들 울음이
쪼록쪼록 베 한 필은 넉넉히 짜겠더라고요
한낮을 베개 삼아 비스듬히 누운
저수지는 바로 그 아래 있었는데요
그 저수지는 울울한 산을 통째로 안고 있더라구요

하, 여름날 그 풍경이 너무나 좋아
나도 그 곳의 풍경이 되었는데요
곁에 있던 매미가 어찌나 울어대는지
죽은 것처럼 고요하던 저수지가
강심으로부터 둥글게 동심원을 그리며
느릿느릿 제 몸을 풀더라고요
땡볕에 첨벙 뛰어드는 소나무 바늘잎들이
물그림자에 일렁거리고
산딸기 붉은 웃음이 자꾸만 손을 끌더라고요.

오디 상사 몽相思 夢

나 어릴 적
개구리 줄기차게 울어대는 논두렁길 지나서
배암 열매 빨간 언덕배기 아래
실잠자리 알을 낳고 하늘을 그대로 옮겨다 놓은 둠벙 위로
매미 매앰매앰 울어대는 뽕나무 밭이 있었지.
오디가 선홍빛 색깔로 까맣게 익어가는 여름이 오면
그 애와 난 어김없이 그 밭을 찾아가곤 했어.
얼굴과 옷에 오디 물을 묻혀가며 시간가는 줄 모르고
더 크고 맛있는 것을 찾아 꼭대기에 매달린 오디를 따 먹다가
가지가 부러져 비탈진 논두렁으로 데굴데굴 구른 적도 있었고
하마터면 둠벙에 미끄러져 빠질 뻔한 적도 있었지.
달디단 오디를 한 움큼 입에 넣으면
아! 단내 나는 그 맛이란

누에 밥 줘야 되니 뽕잎 따오라는 아주머니의 말씀 떠올리며
우리는 뽕잎을 따다 만 체 벌렁 누워 하늘을 바라보았지.

아름답고 맑은 하늘, 점점이 떠가는 구름하며
낮게 또는 높게 날아가는 이름 모를 새
푸른 잎 사이로 실바람이 맴돌다 가는 것을 나는 보았어.
어느 날
시장어귀에서 오디를 보았지.
좌판에 붉디붉은 맨몸을 드러낸 풋풋한 그 오디를…
순간 멈춰 섰던 기억들이 세월의 강을 넘어 쏜살같이 달음질 쳐 왔어.
그 아이가 생각났고
고향 언덕, 시냇가 물소리
물장구치며 놀던 그 시절로 어느덧 돌아가고 있었어.
꿈결처럼

건널 수 없는 강일까

산수유

봄비 오자 산수유
꽃망울 터트렸다.

삶은 계란 노른자
으깨어 놓은 것 같은
산수유 꽃
봄비에 오소소 떨고 있다.

머리에 꽂은 떨잠처럼
나붓대는 산수유 꽃

까
　르
　　르

까
　르
　　르

흔들리는

가지마다

웃음소리 요란하다.

나비

나비 한 마리
풀밭에 날아와 앉았다

날았다
앉았다

앉았다
날았다 하더니

어디론가 사라져 갔다

한참 후
한 쌍 되어 날아왔다

김 선 자

김선자 전남 고흥 출생. 2007년『한국문학평화포럼』등에 시를 발표하며 작품활동 시작. 공동시집『고마워요 미안해요 일어나요』외 다수. 마루시 동인, 고흥작가회 회원.

시작노트

올해도 어김없이 나 편하자고 결국 詩를 이용하고 말았다. 내 詩에 등장하는 객관적 상관물(시와 정서와 사상을 표현하기 위하여 찾아낸 사물, 정황, 사건을 이르는 말.)들이 세상을 향한 내 소통의 도구임을.

코스모스

귓가에 쟁쟁거린다

(느그 엄니가 시집 막 와서
샐팍으로 들어오는디
햐, 나는 코스모스가 걸어온 줄만 알았이야
음마, 인자 그 머시냐잉
속치마 고름 풀어헤치는디
코스모스 잎삭이 한나썩 한나썩
뜯어져갖고 날라다니드마
긍게 그것을 잡을란디 손에 잘 안 잡히드랑게
하이고 하양 속살은 또 월메나
맨들맨들하든디야
나가 그날 코스모스 밭길을 걷고,
또 걷고 밤새 걸었이야)

아버지 무덤가
하얗게 무리지어 핀 코스모스 잎들
어머니 닮은 얼굴로
하늘거리며 서 있다

만삭

가산디지털단지 패션아일랜드 쇼핑센터 앞
우리 부부 잠시 벤치에 나란히 걸터앉아 있다
문득 해일의 인파 속
만삭의 배 내민 아내의 허리 감싸며
부부 한 쌍 우리 앞을 지나간다
부부의 웃음소리가 광장을 가득 메운다
낮달이 쏟아놓은 불빛을 헤치며
오고 가는 사람들
어둠이 유령처럼 내 몸을 통과해가고
나도 모르게 나는 다시
만삭을 찾아 주변을 기웃거린다
지방과 똥으로 가득 차오른 내 자궁은
도무지 더 이상 새끼를 키워내지 못하는 것일까
(뱃속에서 아이는 길을 잃어버렸네.
가도 가도 끝없는 길을 헤매며
끝내 제 집으로 돌아오는 길을 잃어버렸네.
영영 돌아오지 않을 세상으로 첫발을 내딛는 순간…)
만삭의 배로 가만히 손을 내미는데
잡히는 건 몸을 잔뜩 부풀린 불빛들 뿐,

뚜벅뚜벅 어둠은 다시 광장을 빠져나가고
그 부부의 발뒤꿈치를 따라 우리 부부의 작은 소망 하나도
마침표처럼 멀어져간다
흘깃, 곁눈질해보니
남편의 속눈썹 위에 민들레 홀씨 하나 반짝인다
나의 자궁도 뿌리가 울컥 한다
빈 박스 가득 싣고 리어카를 끄는 노인의 그림자가
파도처럼 출렁거린다

화분의 집

시험관 아기 시술을 며칠 앞두고
집안 공기가 푸르러야 마음도 맑아진다며
베란다 가득 남편이 사다 놓은 화분
센세베리아 선인장 화월 벤자민 고무나무
하나하나 눈으로 호명해 본다
입가에 엷은 웃음이 배어난다
그러고 보니 하나같이
홀로서기에 잘 길들여진 화초들이다
가뭄이 온몸을 옥죄어 오고
햇빛 한 줌 스미지 않는 화분의 집에서
더 이상 옆으로 살찌지 못하는
꽃의 다리들
물 따라 더 아래로 아래로
뻗어가고 싶은 것들
내 몸도 어느 새
뿌리 하나 새어나오지 못하는
화분의 집이 되고 만 것일까
고무나무 벤자민 화월 선인장 센세베리아
호명하는 화초 잎마다 웃고 있는

나의 아이들

성에꽃

잠을 걷어낸 눈앞에 꽃밭이 환하게 열렸다
언 땅속에서 밤새 꽃밭을 열었는지
나는 내 삶의 뿌리 하나 제대로 박지 못하는데
삭막한 유리창에
저토록 깊이 뿌리를 뻗고 있는 것인지
밤새 휘몰아친 바람을 맞으며
차가운 유리벽을 타고 오를 때마다
온 몸에 박힌 저 가시들이
제 살을 옥죄며 찔렀을 터
수없이 파닥거려 긁힌 흔적인 듯
유리창에 온통 발톱 자국 화석이 환하다
내 생의 유리창에 수없이 긁힌 흔적들
가만히 어루만져 본다
또르르 한 줄기 물방울 흘러내리자
말미잘의 촉수처럼
꽃잎들이 일제히 둥글게 몸을 말며
뾰족한 가시를 감춘다
단 하루를 피기 위해
홀로 피었다 지는

향기 없는 하루살이 꽃들의 최후
내 마음속 깊은 곳
똬리 틀고 화석이 되어가는
가시들의 뿌리가
울컥 한다

봄 산길에서

봄날개 퍼덕이며 날던 산까치

둥지 찾는 어스름

산그림자는 어느덧 긴 돛대를 드리우며 강을 건너고

노을빛 출렁이는 강물을 따라

낯선 마을의 저녁연기도 숨을 죽이는데

그 연기 사이 펄럭이며 흘러가는 저 것

아, 잊었던 흰빛

가신 아버지의 때묻은 옷자락

그 땀냄새 밴 옷섶의 세월이 이제야 풀려가는 것인가

저문 산길엔 아무도 없고

산비둘기 울음만 글썽이며 흩어진다

사람은 늘 그림자로 왔다가 그림자로 가겠지만

한 줌 그리움은 저 환한 꽃빛으로 다시 살아오는지

김 훤 구

그런 날을 기다리며

콧노래

입추

콘크리트 못

늦지 않았습니다.

김훤구

전남 고흥 출생. 2005년 초등학교 교사로 정년퇴임. 『신의노래』 등 많은 시집을 출간하였으며, 현재 고흥작가회 대표.

시작노트

어두운 밤 별빛이 파도에 출렁이며 밤새 빚어낸 보석처럼 녹동 앞바다에 새겨놓고 아른 아침 영롱한 이슬로 내려앉아 미학의 기쁨으로 부딪히며 산산히 흩어진 언어의 그릇에 담겨 사색의 깊이로 다가온다.

그런 날을 기다리며

볼펜에 연꽃이 피고
젖과 꿀이 흐르는
잉크의 강에
감동이 뛰어든

콧노래

그대는 아는가
흥얼흥얼 콧노래에서
오동나무는 자라고
봉황이 깃을 접는 것

입추

바닷가 솔밭에는
바람이 떼지어 산다

자리를 펴고 앉아
이야기를 나눈다

어제 새벽에
이불을 덮었느냐고

콘크리트 못

홈통이 빠졌다
박아놓은 데가
헐렁하더니
바람이 흔들었다

손도 발도 없고
몸통 하나에
대가리 뿐인 콘크리트 못
재주라고는 뾰족한 끝

뻰치로 붙잡고
장도리로 쳤더니
아우성치던 벽이
겨우 자리를 내주었다

벽에 뿌리지 않는 빗물은
플라스틱 통을 채워
오층 베란다에서
꽃을 키우게 한다

볼 일 없던 못에
일자리가 주어지니
자기일에
밤낮이 없다.

늦지 않았습니다

낮잠 한 번 못 자고
밤을 줄이고
시간을 쪼개어 살아도
지금의 이 정도입니다

욕심난 것도
부러운 것도
남을 해칠 것도
자랑할 것도 없습니다

고맙습니다
이제라도 해탈을 주시고
깨달음을 주셔서

힘들고
어려운 일은 싫습니다
살 날을 즐기며
고요와 친하렵니다

나와 더불어 산 것들을
새롭게 찾아내고
말없이 자기를 완성한
그들을 사랑하렵니다

이젠 바래움도 없습니다
바래도 되지 않습니다
그렇다고 내가 나를
천하게 할 순 없습니다

길가에 핀 작은 꽃에서
자기를 완성하고
꽃세상을 만들어 살아가는 들꽃

시궁창에 살면서도
자기길을 알아
바람의 등을 타고
어울려 살아가는 갈대

수억년의 역사를 간직하고
어깨 기대어 살면서
오늘은 나의 발자국을 그려
삶은 순간이라는 백사장

뭉개뭉개 솟은
뭉개구름을
근심 걱정없이 바라볼 수 있는
평화로운 가슴
행복과 사랑을
지천으로 주셨는데
보고도 모른 당달보살로 살았습니다

늦지 않았습니다
순간 속의 영원은 너무나 많습니다
고마운 마음 때가 되면
당신 나라에 가렵니다.

남선현

남선현 전남 고흥 출생. 시집 『문』으로 작품활동 시작. 시집 『나와 함께 한 모든 것』. 현 고흥작가회 부회장으로 지역 문학 발전에 헌신함.

시작노트

크고 작은 일상들이 일탈을 꿈꾸며 생활의 틀 깨면 뜨거운 열정 냉소에 얼어붙고 창밖 세상은 신새벽 여명의 빛으로 물드는 순간처럼 처절한 삶의 언저리를 맴돌고 있다.

이안류

아파트 울타리 사이
울긋불긋 벗겨진 육체
꽃잎처럼 나부끼다
거리로 쏠리면 악마의 유혹
즐기려하고 호기심 부풀린
길들여진 기억들 하나 둘
객기로 변할 때 급류에
쓸려간 몽땅 그린 과거
먼 ~ 바다로 흘러가듯
시뻐얼건 태양에 흡입된다.

백년초에 맺힌 사연
– 하나

월령 돌담사이 뿌리내린
손바닥 선인장은 알까

반세기 숨죽여 흐느낀
목안의 응어리를

소리 없이 삭인 심연의 나날
지나는 행인 손에 들린
노오란 꽃잎은 알까

남 몰래 토하듯 무명천에
감춰버린 여인의 모습을

질긴 생명줄 잇고 터 잡은
선인장의 역사는 한 맺힌
여인의 절절한 설움 알까

쇠소리나는 진저리
온몸에 떠안고 휠~휠

날아간 진아영을.

* 진아영 할머니는 제주 4 · 3이 일어난 다음해인 1949년 1월 한경면 판포리에서 경찰(토벌대)이 쏜 총에 맞아 턱을 잃었다. 그때 나이 서른다섯, 이 비극적인 사건으로 진 할머니는 지난 60년 가까이 제대로 말을 하지도 듣지도 못해 제주 4 · 3 아픔을 대변해준 상징적인 인물로 인식되며 2004년 구십의 나이로 통한의 생을 마치셨다. 이에 월령리에서는 기일을 맞아 고인의 명복을 빌고 다시는 이런 비극이 이땅에서 일어나지 않기를 바라며 제사와 추모문화제를 열고 있다.

회오리

후덥지근한 날씨
혈압 상승 심호흡으로 내리고
한 통의 전화 받는다

승냥이 같은 음흉한 거친 숨소리
귓청 파고들며 찢긴 가슴 헤집고 있다
씩~ 썩 ~ 쌍 ~쌕 ~ 킁 ~ 〉?

네 ~ 죄송 미안 네 ~
뭘 그렇게 죄송하고 뭘 그렇게 잘못했나.
맹목적인 친절이 날 냉소 짓게 하고

냉혈한 흡혈귀는 피를 빨듯
떼 쓰고 큰소리 치고 우겨대며
교란시킨 구성원들 속 이단아
오늘도 잿빛 일그러짐으로
오싹하게 다가온다.

꽃잎에 바람 불면

콘크리트 쳐 발라
만든 꼬불꼬불한 길
군데군데 벌어진 틈새에
철따라 꽃이 핀다.
뿌리고 심는 것도 아닌데
가녀린 꽃대에 핀 꽃은
생명의 희열 만끽하고
오늘도 만족한 듯 꽃씨 날린다.

숨 쉴 곳 없이 틀어막은 인위적 행위
생명 멈추게 할 수 없으련만
뜯고 자르고 막아도 씨앗은
골목길 틈새 헤집고 피어난다.

생존 위해 벌을 유혹하듯
갈증 난 뿌리 강아지 오줌 먹고
버티며 흙을 찾아 헤집겠지
썩고 마른 제 몸 잘라 양분하고
살아가는 저 꽃을 누가.

빈독골

– 그루터기

자라다 잘리고 또 잘려도
등결에 싹 돋은 봄 온다.

계절 바뀌기 열일곱 해
그리고 일곱 해
굵기와 크기 다른 각각의
나이테가 터를 잡고

꺾기고 잘려도 피우고 틔워
숲의 밑거름 되리니
무관심 소외 외면이
벌레처럼 갉아 먹어도
빈독골은 늘 푸르다.

발톱 깎기

대숲 울음

점등點燈

석류

황혼의 블루스

박 부 민

박부민

전남 고흥 출생. 1995년 『시와산문』 신인상으로 작품활동 시작. 시집으로 『등불이 있는 마을』 등이 있음. 고흥작가회 회원.

시작노트

빨리 바꿔야 한다는 말만큼 무서운 게 없다. 수시로 변하는 휴대폰 같은 세상이다. 새것이 나오고 또 나오고 팔고 또 팔고. 지금 기회에 안 바꾸면 시대에 뒤쳐진다니… 어느 분은 그것을 새것 콤플렉스라 했던가? 그래 좋다. 그렇게 해보자. 새롭게 변하고 바꾸는 거 참 의미있다. 다만, 기계음에 익숙한 세상에서 소 울음소리 한마디 그리운 심정은 꼭 잃지 말자는 것. 조급해 하지 말자는 것. 올해는 태풍과 함께 여러모로 참 아픈 시간들이었다. 시를 읽고 씀이 감사하다.

발톱 깎기

게으른 자에게는 발톱 깎기도 일이다
아무리 봐도 못난 발가락 끝
살과 껍질의 경계가 모호하고 아프다
곰팡이 찌든 방황의 흔적
햇살도 오늘 따라 각도가 시원찮아
쓰걱쓰걱 선 작두질에 피를 보고 만다
발톱가루 진눈깨비가 어제 날짜의 신문지 위로
희붉게 섞이고 성급히 뜯어내버린 살들은
휴지통에서 서러워 꼬물꼬물
억울한 죽음이라며 눈총을 겨눈다
나는 그들에게 자꾸 적의敵意를 유발하고 있다
어둑한 곳에 튀어 달아난 얇은 변명이
먼지를 입고 기분 나쁜 실눈을 뜬다
그를 색출하기 전에 손전등을 켜야 한다
대낮인데도 무엇을 찾아내기에는 꽤 흐리다
빛이 약하나 절대 투명한 것은
결국 내 피의 죄이다 고운 손수건 한 장으로
죄를 흡수 처리하는 데 써 버렸다
왜 이토록 자주 실수를 악습으로 굳히는가

모호하게 아픈 각질의 본체가 허한 시간
개과천선이 더딘 자는 발톱도 제대로 못 지킨다
발가락보다 발톱보다 내가 더 못났다

대숲울음

하늘을 싸리비질하며 휘적거리는
상주喪主의 흐느낌은 쉬 잦아들지 않았다
종종 혼자 집을 지키던 아이는
모진 곡성에 긁혀 오금이 헐곤 했으나
가문의 낡은 지붕에 대숲 그늘은
자리를 깔고 참 오래도 누워 있었다
시간이 층층 마디져 까마득해지고
컴컴한 추위가 마룻장을 쑤셔대는 날
마침내 햇빛을 들이려 대나무들을 마구 쳐냈다
바람을 잡아 가두며 내질렀던
대숲의 피울음은 그쳤지만
묶여있다 풀려난 칼바람의 난동에
얇은 집은 금세 퍼런 가슴팍을 부여잡고 콜록댔다
텅 빈 숲 터의 잔해를 정리하며
시리디시린 무릎을 꿇고서야 알았다
온몸으로 바람을 막아 허름한 집을 지켜 준 대숲
겨울이 깊을수록 음산했던 산발 춤의 그 쓰라린 내력을
지붕의 그늘이 녹고 온 집이 햇빛으로 가득 찰 때
대숲이 살던 자리에 뭉클뭉클 돋아나는

죽순들의 눈물을 다시 보았다

점등點燈

그늘 속에 하늘이 스미네
회고록을 쓰려 모여든
단풍잎들 강물에 불을 댕기고
깻단 터는 아낙의 굽은 등허리
일생을 두른 수건이 노을에 젖네
아주 멀지는 않은 봉우리로부터
발목 시린 나무들의 심호흡이
하류를 징검징검 건너오는 동안
산이 버린 산새, 들이 버린 들꽃
저들은 이 서늘한 지상에서 얼마나 적막할까
라고 엷은 잔명殘明의 아픔이
기슭으로 하얗게 머리를 빗을 때
길은 홀로 비탈을 넘어 가네
길보다 빠르게 꿈은 구르네
검질긴 땅거미 무릎에 엉겨 붙어
흙 묻은 손 푸석푸석 늙어 돌아 나오는 골짜기
바람 비껴 한 점 마을이 켜지네

석류

노을이 외부를 둘러쌌다
시디 신 집안에는
거품을 문 돌들로 가득했다
한 입에 들어차 우걱우걱 서로 부대끼며
낄낄낄 비웃음을 뱉어 놓다가
삐져나온 피 알갱이들에 화들짝 놀라
컴컴한 토담 밑으로 움츠러들었다
빛을 잃은, 쩍 갈라진 별
그 껍질에 들러붙어
결빙을 기다리던 입동의 아귀에
폭설의 침이 고였다

황혼의 블루스

어느 날엔가 가냘프게 접은 종이배를 띄워
아무도 닿지 못한 어머니의 쓸쓸한 심장 근처에
숨죽이며 다가가려 했지만
이미자의 황혼의 블루스를 몰래 부르던 어머니의
가늘게 떠는 입술만 엿보다 돌아왔다

지울 수 없는 립스틱의 가을
억새풀의 영혼이 붉게 물든 그런 오후였다

젖은 밑바닥을 뒤집어
애써 남은 햇발에 걸어두었던가
내 종이배는 하얗게 소금이 슬어 부서져 내렸다

아가, 숨을 쉬어라, 아가
누군가 나를 흔들어 깨워 일어났다
어머니를 기어이 다시 보기 위해 올라간
높다란 해송의 목덜미에서
떨어져 가까스로 눈을 뜬 것이었다

어머니의 심장은 너무 멀었으며
그 끝에 닿으려면
황혼을 지나야 한다는 필연도 그제야 알았다

어머니가 홀로 헤쳐 가던 바다, 시퍼런 눈물을
꽃처럼 건너갈 종이배는 없었지만
흩어진 빛살과 솔잎들을 엮어 떼배를 만들고
아내와 아들과 함께
시적시적 먼 황혼을 향해 노를 저었다

그 노래, 여전히 출렁이는 물결을 머금고 있었다
달과 별들의 조명 아래
수평선으로 만든 마이크 줄을 살포시 감아쥐며
붉은 입술, 한껏 멋을 낸 김해 김씨 김여사의 블루스는
어느 섬들 사이로 황혼처럼 목이 메고 있었다

박호민

새의 귀환
봄아이
주식主食
반디
밤송이

박호민 전남 고흥 출생. 1989년 『민족문학』에 시를 발표하며 작품활동 시작. 현재 귀향하여 시를 쓰고 있음. 고흥작가회, 한국야외 수채화가회 회원.

시작노트

흘러가는 물이 아름답다. 흘러가는 마음이 아름답다. 세상은 어차피 흘러가는 과정 아니던가. 그러므로, 자기 길을 잃지 않고 흘러가는 삶도 아름답다. 다시 바람이 불고 가을이 깊다.

새의 귀환

욕망으로 오르는 자에겐 힘이 없다
그것은 끝내 낮은 곳으로 깃든다

의지, 꿈, 폭포, 반란의── 피묻은 날개
그러나 새는 날아오르는 것이 아니다

저 컴컴한 하늘 우물 속으로, 까마득히
떨어져 가는 새여, 물이여

마침내 돌아가는구나
네가 왔던 곳, 그 낮은 자궁 속으로

봄아이

그것은 환생이다.
불 속에 사는 쥐여, 느릅나무
불의 혓바닥은 그녀의 젖가슴을 핥는다.
아아, 간지러워요—— 누구신가요?
얼굴도 없이 나를 뎁혀주는 당신은.
퍼득이는 종달새 날개로 이는 생기生氣
목질의 샘이 터진다.
이윽고, 산길 위에 타오르던 아지랑이는 죽고
뱀들이 꿈틀거리며 교미하는 저녁
어머나, 어머나
그 비늘 하나 거친 땅에 떨어져
내일이면, 연두빛 아이 하나 솟아나겠다.

주식主食

– 젊은 시인에게

과역 채소가게 아짐은 늘
혼자서 뭘 해먹고 사냐고 묻는다
그 때마다 나도 생각해 보는 것이다
내 주식은 술일까, 눈물일까, 망상일까
남은 세월, 혹 운이 좋다면
우리도 무심한 밥을 챙겨 먹을 수 있을까

반디

막버스는 나를 내려놓자마자
산모퉁이를 돌아 잽싸게 사라졌다
멍한 듯, 한참을 그 꽁무니의 흐린 불빛을 바라보았다
다시, 달빛도 없는 귀로
터벅터벅 어느 굽이 돌아갈

때악―― , 악――
악―― , 억―― , 악――
억―― , ―― , 악――

거기 있었구나, 살아 있었구나

별들이 땅에 떨어져, 바스락거리며
하얀 소금빛으로 뒹굴고 있던 그 밤.

밤송이

까진 놈이야
아니야, 덜 까진 놈이야
어릴 적 얘기 흘러간다

어, 가만보니
까진 놈들이 그래도 뭔가 있네?

갇힌 놈들은, 다시
비쩍 말라 갇힌 놈들을 낳을 뿐.

끝이다
비닐 하우스
닥치리라
어디로!
금사리 뒷길에서

송 만 철

송만철 전남 고흥 출생. 1996년『불교문예』신인상으로 작품활동 시작. 시집으로『참나리꽃 하나가』『푸른빛줄기의 시간』등이 있음. 고흥작가회 회원.

시작노트

세상은 갈데까지 갔고 올데까지 왔다.

허나 사람은 길들여진 틀 속에, 사로잡힌 물욕에 더 더 무작시럽게 발싸심이다.

점점 달궈지는 솥의 물에 뻗은 놈은 쭉 뻗고 기어오른 놈은 마구 기어오른 바닷게처럼 그란디 이 생이 기어나와도 살아남을 길은 있기나 할란지.

시 또한 주뎅이만 살아

삶을, 세상을 함부로 탱자탱자 하고 있는 것은 아닌지 몰라.

끝이다

지땅 민둑골로 소를 뜯기러 가기에는 더워서
웃통 벗어제쳐 들길 치달아 떼거리로 뛰어들었던 냇가야
축축 늘어진 버드나무 창창한 아카시아나무가 제멋대로인 영기보야

독점 저수지 물이 사정들, 평애들 굽이굽이 흘러
마을 마을을 먹여 살렸던 그냥 그대로 생김새들아

잘 가라

농어촌 개발 사업으로 누대의 논이 파헤쳐지고
거대한 중장비들이 세상처럼 넓고 빤듯한 물길을 내고 있다
조감도鳥瞰圖에는 넓다란 냇가 둑에 체육시설이 들어서고 애완견이 딸린 중년 부부가 산책을 하고 있다

모든 것은 끝났다

이 땅에

미래는 없다

* 모든 것은 끝났다 - 바이런의 시「추억에서」.

비닐 하우스

들판을 치단던 바람은 발길 끊긴지 오래
밖에 봄꽃 피었다고, 피어나라지 숨통 조인 비닐 벽들

작물들 시원찮으면 멀티미네랄*에 환경친화적 비료가 쌓였거든
잎줄기에 벌레 생겼다고, 다코닐 스미치온**도 있어
벌 나비들 꺼지라지, 종묘센터서 나온 꽃가루 분말들 안보여

천정에 메어달린 끝이 없는 자동 분무기들
바로 밑 간절한 열망의 넝쿨들을 단번에 낚아채 묶는 집게들

이 봄날에 문 밖 트럭에 가득 실린 오이를 봐
겨울에 쏟아져 나온 수박도 안드셨나봐

학교를 보라고!

생의 불꽃에 더 캄캄한 벽을 쌓아가는

당당한 세상을, 글로벌한 자본을 보랑께

* 멀티미네랄 - 종합호르몬제.
** 다코닐, 스미치온 - 살균, 살충제.

닥치리라

고흥읍내 버스터미널

아이들 딸린 이주여성들은 탁자에 모여 떠들어 대고
차를 기다리는 사람들은 TV 한 곳에 눈이 틀어박혔다

승하차대 위로 뻗힌 처마에 제비집
발광하는 새끼 세 마리
내려다 본 눈망울이 애가 탔다

숲이 울창한 마을 마을의 흙마당은 쳐덮인지 오래
먹이가 널려있던 들 들의 전답은 농약으로 범벅된지 오래

차를 피해 매연 속을 뚫고 온 어미제비는
땅에 떨어진 과자 부시레기를 낚아채 제 집으로 잽싸다

인자 말끔히 쓸어버린 바닥인데 어디로 갈까

어디든
닥치리라

살아있는 누구에게나

어디로!

모시내 논 가 둠벙에 축축 늘어진 능수버들 가지 가지 찰싹
대는 물결에 깜짝깜짝한 개구리떼 주춤거리고 빼꼼한 눈을
굴리던 물뱀이 사라진 부들 에 둥지 튼 새의 알 몇 개

가뭄으로 논바닥은 애터지고
둠벙 두레박은 매달린 채 삐걱대고

물이 바닥난 쩍 쩍 벌린 땅의 입에서
우글거리다 말라삐뚤어진 미꾸라지떼들

언제였던가

다시 비가 내리고 물은 차올라

수초水草 흐늘거린 둠벙에 지나던 노을이 찰랑대자
물에 갈퀴질 해대던 남생이가 일으켰던 물이랑
뒷걸음질의 가재떼가 풀숲으로 들락거렸던 둠벙, 둠벙

다다 어디로 갔나, 지금은

금사리 뒷길에서

매케한 부뚜막에 펄펄 끓는 팥죽솥 훈김으로 허기진 눈물 같은 벌떼가 복사꽃에 옹기종기다

떡잎의 때죽나무 가지가지로 싯뻘건 노을이 자맥질이다
산기슭에 찾아든 새의 집집에 진달래는 붉었다

술 몇 잔에 허허실실 말라고
세상에 그저 끄덕거리지 말라고

아무데나 쏘다니며 들쑤시면 되나!
산꼬랑 졸졸한 물이 골을 냅다 후려친다

양 동 선

인연

초가지붕

정자나무

흔적

여행

양동선 전남 고흥 출생. 『크리스찬문학』 신인상으로 작품활동 시작. 시집 『교향풍경』. 동시집 『해바라기』 『네잎크로바』 등이 있음. 고흥작가회 회원.

시작노트

지금은 많이 사라져간 가까운 주변의 것들과
제 자신의 소망을 담아 글로 표현해 보았습니다.

인연

옷깃이라도 스쳤을까
신이 맺어준 걸까

너와 나 우리둘의 인연
상처는 싸매주고
허물은 덮어주는
치유와 사랑의 손길로
화는 밀어내고
복은 불러들이는
행복의 인연으로
만들어가는 지혜의 샘
영원히 마르지 않고
솟아나게 하리라

초가지붕

너덜너덜 허름한
하지만 넉넉함과 당당함
비바람 북풍한설
물렀거라 외치면서
두둥실 떠 있는
보름달을 안고서
나뒹구는 늙은 호박 벗을 삼는
이웃집 다정한 노신사

정자나무

나이도 이름도 없이
세월의 흐름에 실려
오늘까지 함께한 나날들
희노애락 수 많은 사연들
주렁주렁 매달고
하나 둘 꺼내주는
내 마음 속 보석상자

흔적

지난 흔적 찾아
헤메이지 말고
앞날의 흔적 위해
좌고우면치 말고
우러러 부끄럽지 않을
진한 흔적을 위한
무한의 노력과
책임을 다한 여정은
찬란한 흔적으로
길이 남으리.

여행

고을마다 곳곳마다
명소와 절경
곳곳에 담긴 사연
가슴을 크게 열고
한껏 받아들여
근심걱정 씻어주는
명약으로 녹여
지친 삶의 활력소
한가득 넘치게 하고
기름지게 하는 오아시스.

갯벌 전개도展開圖

시時

오동규

오동규 전남 고흥 출생. 『사람문학』으로 작품활동 시작. 고흥작가회 회원.

시작노트

삭정이는 쇠갈고리 의수처럼 허공을 늘 할퀴려하고 있다
마음처럼 시는 하늘에서 내리지 않는데…

갯벌 전개도展開圖

애드벌룬처럼 구름이 떴던 날이다
대숲 그림자가 괭이처럼 엉그적 엉그적
집 언덕을 내려올 때
여수 정기여객선 조도호에서 한 사내가
흑빛 보자기에 비보를 싸들고 내린다
대밭아래 기와집에다 풀어 놓는다
마루에서 떨어지듯 마당에 나뒹구는 어머니와 그 형수와

당산 둥구나무에 당신의 잘 그린 그림을 걸어 놓았던
그 못마저도 이제 삭아 없어지고
속부터 나무는 검게 썩어 죽어간다
맹장이 터져죽은 당신처럼

그 몇 칸 동편 뻘에 한 척의 낡은 木船이
병상처럼 갯벌을 뒤척인다
사랑방에 배를 움켜쥐고 나뒹굴던 당신처럼.
그 안단이 돌팔이의 늘 괜찮다 괜찮다하며
서투르던 그 진단처럼
뻘의 가슴깊이 두 가닥 청진기를 대고

고개를 갸웃갸웃하고 섰는 한 마리 황새

운동회 때 한사코 결석 마다하며 아픈 그 몸을 끌고,
장대위로 당신의 그 몸뚱어리를 짓밟으며 白旗를 꺾으려던
청군들의 함성이 묻히지 못한다

비루한 갯내음이 수노루처럼 대밭으로 뛰어가다가
마른 휘파람을 내뱉는 애면글면 노파의 탄식에
뒤를 힐끔 돌아본다 寸步에
옷에 뻘 범벅인 채 희희덕이는 노파의 여식

밀물은 침식듯 감돌아들고 건너 산등 늙은 소나무에
뭉친 머리를 풀어가는 구름에 눈을 돌리며
이 갯벌의 전개도를 돌돌 말아 감는 한 사람

갯둑으로 차가 한 대 길게 간다

시時

마복산사의 불빛이 복면자의 번뜩이는 눈빛 같은 날에

책시렁의 책이 스크럼을 짜고 버틸 때

매너 모드로의 전환이 불가한 가슴들과 거리를 만들지 못할 때

한 마디를 배우기 위해 천 마디를 읽히는 줄 모른다고
당신에게 말했는데 그 말 한 마디 꼭 하며 살아요라고 말해 주지 않을 때

얼음판 위에 맨발로 자신을 세워 놓고 무섭도록 견디며
자신을 다스리는 일이 마딜 때

젓가락으로 젓가락에 뭣을 건너기가 어렵듯
그의 마음을 또 다른 가슴에 전하기 어려운 날

그는 주막에 홀로 앉아 막걸리 병을 보울링 핀처럼 쓰러뜨

리지 않는다, 이제

계단

부부+

참깨

끝없는 질문

올 가을 추수

이 광 호

이광호

전남 고흥 출생. 『시와 사람』동인으로 작품활동 시작. 2011년 『창작21』 시부문 신인상 당선. 현재 농업에 종사하며 20여년간 한글자모음에 관한 연구활동을 펼치고 있으며, 시집으로 『ㄱ 에 대하여』가 있음. 고흥작가회, 창작21작가회 회원.

시작노트

"조금씩 조금씩 평생동안" 되뇌이며 살아온 삶의 궤적들이 나이와 함께 빼곡히 쌓여 하루의 고단함을 여유로 마무리할 수 있는 힘의 원천이 아닌가 싶다.

계단

쌀 먹고 싸고
사람이 살다가
사라진다니

그렇다면
'ㄹ' 은 알몸 아닐까?

둥근 생을 다 마친
그믐 지난 달
문장 끝머리 '다' 가 되더니

한 이틀 발 뻗고 앉아 ㄴ을 '단' 다

단계단계단숨에
그대 '계' 시는
지상으로 올라갔다가

싸목 싸목
혼자 되돌아

내려올 때마다

지피지 않는 섭섭한 마음.

무단히
ㄱ을 밟고 올라가서
허망한
ㄴ을 디뎌 내려서는

계단은 삶의 ㅁ자를
펼쳐놓은 ㄱ ㄴ일까?

괭이(ㄱ)로 땅을 파고
씨앗을 묻는 느린 걸음과

낫(ㄴ)으로 서둘러 수확하는
손놀림 정녕

한 단씩 해마다 징검돌 하나 놓고 되돌아온 저 들녘
걷고 걸어서 한 평생 동안 오르막 없는 내리막 길
이제 얼마나 더 내려가면 만나 뵐 수 있을까 몰라

온돌방 등잔에 그림자 밝히시고
호치단순 달빛 머금은 목화송이처럼 환한 얼굴

인기척 한 번에 사립문 밖까지 좇아 나와
대번에 버선발로 반기는 먼 훗날의 그대여!

부부 +

부부라는 낱말이
부분이라는 낱말과의 연관성이 있는 지의 여부는
의견이 분분할 것이나

부부로 살다가 어느 한 분이 먼저 화분 같은 봉분 속
부분이 되어 서로 다른 훗날이 시작되는 걸 보면

티격태격 날마다 다투고 살지라도
그냥 저냥
부부일 때가 가장 행복한 지금이다 싶다.

그런데 왜? 〈부부〉라는 낱말은
꼭 같은 글자로 만들어졌을까?

사춘기 소년 소녀가 훗날에 부부가 되었으니, 이제
소년은 소녀에게 ㄴ을 주어야 한다.
이런 부탁 때문에 그랬을까? 또 한 번 파뿌리
사춘기 소꿉놀이 장난질 치며
소녀가 ㄴ을 받아도 욕이 되지 않을 나이

일몰 직전 더 아름답게 타오르는 단풍처럼
호르몬의 성비도 바뀐다 했으니

소년_ㄴ도 좋고
소녀+ㄴ도 좋다.

춘이 추가 되고 순이 수가 되기를 여러 번
머리가 희도록 살면서 모른다 할 수 없는
'ㄴ' 은 과연 무엇일까? 저절로
말이나 글처럼 행할 수 있을까 몰라?

부부!
너랑 나랑 한 평생 천 평
저울로 달아도 기울지 않는 넉넉한 행복.

참깨

사실 참깨는
참을 깨가 아닐까?
열 사람 벌어서
한 사람 먹고 살 곡식
유월 공달 든 해 오히려 더 잘 되고
땡볕에 김매고 가꾼 노랑 참외랑도 함께
남도 땅 고흥반도 어느 섬마을 여인네의
가족사랑 애태운 땀방울 소산이니
아들 딸 부산 사위 서울 며느리 어깨 위로 훌쩍 자란
눈에 넣어도 아프지 않을 손자 머리 쓰다듬을 생각하며
한꺼번에 너무 많으면 맛없을 거라 더 자주 보내려는
젊으나 젊은 시절부터 이 나이 먹도록
애간장 다 태운 입술 쪽 빨아들인 술잔 탁! 놓고 칼 눈 긋는 그 놈의 캬! 소리
돈도 돈이려니와 아무개 아버지 건강 해치려나 싶어 조마조마한 나머지
나오는 쪽 쪽 보기 싫다는 핑계 삼아 비방처럼 고물장수 다 줘 버릴까 망설이다가
애라 모를 일이다 그냥 뒀다 한 포대 가득차면 잔돈푼이라

도 받고 줘야지

은근 슬쩍 자신도 모르게 요긴한 참기름 병으로 쓸 요량도 있고 하여

겸사겸사 쓰레기 통 옆에 가지런히 쌓아올린 두 홉 소주병

맑은 물 흔들어 붓고 툇마루 끝에 거꾸로 세워 한 나절 내내 잘 말렸다가

나누어 가득 채운 어제 장날 큰 맘 먹고 짜다놓은 참기름 네 다섯 병

꽉 꽉 마개 틀고 돌리고 고무 줄 친친 감아 덧버선 신기듯

희고 검은 비닐봉지에 싸고 또 싸서 더듬더듬 전화 번호 눌러 택배 차 불러 훌쩍 다 실려 보낸 홀가분한 아이스박스 하얀 네모난 상자

참말로

돈으로 치면 얼마치 되리요마는

엄지검지 손가락에 묻은 참기름만 쪽 쪽 빨아 머금어보더라도

꽃향기처럼 고소한 이 냄새 〈한 방울 방울〉 매끼니 숟갈 마다 입맛을 돋우어서

생전에 감기 한 번 걸리지 말고 만병통치 되소서!

지나새나 앉으나 서나 날마다 눈에 밟히는

자식들 건강 빌고 또 빌며 아울러 보내는 어머님 흐뭇한

사랑과 정을

알고 받고 모르고 받아 그래서 또 한 번 더 받는 야들 뿌듯한 가슴 가득 진동할수록

참깨는 사실
참을 깨가 아닐까!

끝없는 질문

벽은 ㄱ인데 왜? 방은 ㅇ일까?
아버지께서 헛기침하고 앉아계시는 '안방' 때문일까?
오랜 옛날에 함께 했던 몽고 나라 유목민족의 둥근 집 때문일까?
동굴 입구 때문일까? 사랑 때문일까?
사람과 삶은 ㅁ인데 사랑은 ㅇ동그라미
알 깨고 떠나가는 아리랑 때문일까?

현실 세계의 부딪히는 벽 속에 갇혀
발버둥치고 사는 것 지향하려는 은연 중에
곤히 잠든 꿈 속에서라도 이어가고픈
넘실대는 둥근 파도 다독이듯 고갤 끄덕이며
동글동글 연기 동그라미 허공으로 토해 올리는 발동선 같은
얼마나 많은 날들의 꿈과 희망 동그라미
하늘에다 올려 보내야
하루 밤 지나가는 영혼의 보름 달 빛 등
달아 놓을 수 있을까 몰라
한 밤 중 잠을 깬 긴 한 숨 같은 심호흡 천천히 내쉬며

생애를 가만히 뒤돌아보는 끝없는 고리 질문 때문일까?

올 가을 추수

잠시란 잠자는 동안은 시체처럼
소중함이란 옛날 농사짓는
소처럼 중하다는 그런 뜻인가 본데, 그럼
춘추와 순수에서 춘은 순이요
추는 수와 같은 모양이란 말 아닌가
어느 날 낯선 길손이
"춘추가 어떻게 되오?" 반드시 대답하라 묻는다면
"죽은 다음 그 다음까지 순수하오"
꼭 그리 대답할 수 있겠소. 이 땅에 태어나
ㅅ 과 ㄹ 지니고 살아가는 '사람' 으로써
한 단씩 해마다 내려가는 돌계단 같은
생일처럼 〈일〉도 아닌 나〈이〉 먹어가면서
춘과 순의 ㄴ을 낫으로 모두 베어낸
노-란 저- 들녘의 황금물결
요즘 콤바인 벌레 먹어가는
올 가을 〈추수〉 말이오.

이 기 현

이기현

전남 고흥 출생. 『문학세대』 신인상으로 작품활동 시작. 현재 문학세대, 고흥작가회 회원.

시작노트

산하가 가뭄이 들면 타고 장마가 지면 젖습니다. 그러기에 가슴은 두근거립니다. 키우고 가꾸는 것들이야 눈에서 멀어지면 곁가지 자라고 벌레 먹고 병듭니다. 바람에 쓰러진 나무도 일으켜 놓으니 바르게 자랍니다. 시기를 놓치고 가슴을 쳐야 하는 날 많습니다. 늘 무엇하느라 엄벙덤벙입니다. 돌아보면 결과 없는 허망을 좇고 있는 것은 아닌가 하는 느낌이지만, 그 마저 사는 의미라 생각합니다.

도시의 나무

물 흐름을 막고
하수구에 가로누워 죽은 나무
한 주정뱅이가 그에게 오줌을 누고 있다

그도 한 때는
한여름 따가운 햇볕이면 가려주었을 테고
서늘한 바람도 주었으리라

어쩌다
도시의 가로수로 살면서
굳은 나이테가 박혔을 테지만
도시의 삶이란 것이
앞날이 보장 된 것이 아니고 보면
나도 그처럼 어느 날
그 모양이 될지도 모를 일

황토밭이나 일구면서 살더라도 추우면
그들의 낙엽이나 주워
구들장 데우며

식구들과 도란도란 살았으면 싶다
이제 그도 흙으로
돌아가겠구나, 한 줌의 흙으로

이별

봄날 아지랑이 아른아른
양털구름의 여정이었지요
사랑만 같아서 함께 춤추며 날아오른 하늘
너무 높이 올랐을까요
고삐 잃은 어느 날부터 서로는
싸늘히 얼어붙는 관계
하루하루를 이기지 못해 쌓이는 멍울의 무게로
하늘만 검게 변하더이다
티격태격 파열음은 얼음결정으로 떨어지는 우박
싸늘히 식어버린 마음이 바람을 타고
싸락싸락 스치는
그 한 고비를 넘기지 못했지요
거세게 폭우로 내리더이다
산 높고 골 깊어 우리는 서로 이별했지요
사랑은 식어버렸지만 미련은 남아
는개가 는적거리는 날이면
부슬부슬 물방울이 여린 풀잎에 맺히더이다
검은 구름 걷히면 하늘이란 또 다른
구름을 안겠지요

(그렇게 한 세상 가겠지요)

쑥부쟁이

어느 생에
불쟁이(대장간) 딸이었는지
성은 쑥, 이름은 부쟁이
하늘 아래 외로운 땅
자라는 궁핍과 허기, 어린잎
꺾이고 또 자라다 꺾여
꿈 잊었다
어미 아비 잃은 어린 동생 업고
부지깽이 든 누이
솥에 보리밥 뜸들이다
나물 무치다
쿨럭이는 할매 할배 눈물 닦다
봄 여름 가고
늦은 가을 햇살 서리서리 감아
피었다
보는 이 없는

인력 시장 시지프스

제품은 가격 꼬리표를 달고 세상으로 나온다
노인은 쪽방에 앉아 담뱃값이나 벌자며
십 원도 안 되는 값으로
수십만 원이 적힌 옷의 가격택을 조립한다
꼬리표에는 호칭과 값이, 바코드가 함께 그려 있고
품질보증서, 출생지, 그 외 몇 가지
스펙지를 덧붙여 줄에 끼운다
출생지가 신들의 세상이라는
명가에서 태어나 명가로 가는 명운이 아니어서
진자리 마른자리 가리며, 누가 키운지
땀을 흘리는지 피를 흘리는지 아무도 관심은 없다
행여 잘 못하여 붉은 줄이라도 그어질까
모난 것은 다듬고 삐딱한 것은 달래어
물든다고
붉은색, 푸른색 근처에도 가지 마라
좌우 어느 쪽으로도 기울지 마라
재단사가 그어 놓은 박음선을 벗어나지 마라
백화점 매대에라도 세워 보려는
가상한 마음으로

값나가는 꼬리표 하나 붙이면,
졸업장을 받아든 청년처럼
일제히 세상으로 나가 선택의 손길을 기다린다
본보기처럼 선택 된 몇은 선망이 되었다
세상은 변하고 유행을 따르는 것이라
철 지나 유행이 변하면,
몇 가지 스펙은 있으나 마나 뜯겨 나가고
할인 값으로 덧붙여진다
몇 번이나 값을 할인해야 선택이 될지
이곳저곳 할인 매대를 기웃대다가
풀죽고 구겨진 모습으로
가격 꼬리표가 없어도 좋은, 땡처리
그도 이름을 지운 시지프스

항아리

나는 두메산골의 흙이다
한 도공의 수고로
화려한 불 속에서 뜨겁게 태어났지만
검정색이다
추워도 볏짚이면 너끈하다
바람 잘 드는 번거롭지 않은 자리에 앉아서
독하거나 짜거나 가리지 않는다
주는 대로 품었다가 달라는 대로 내주면
그만이다
나는 하늘을 품은 땅, 뚜껑이 덮이면
내 속은
고요한 우주가 된다
옛 할머니로부터 대를 이은 나는
그저 조용한 여성이다 한 어머니이다
삶의 터전이 되는 나는
봄을 낳는다 지금은 봄이다
나는 나를 사랑한다 따뜻한 봄을
사랑한다

가을편지

잡초

겨울나무 · 1

그 까짓 꽃이야

여름 그늘에서

임 규 상

임규상 전남 고흥 출생. 『사람문학』동인으로 작품활동 시작. 고흥민주단체협의회 의장. 행의정감시연대 전남 대표. 이웃의 진솔한 삶을 소묘처럼 형상화하며 토속어를 시로 풀어내는 맛깔스러움을 보여줌.

시작노트

한편의 詩로도 人生 전부를 말할 수 있다
백권의 詩를 쓰고도 詩처럼 살지 않는 것은
거짓은 아름다움이라고 말하는 위선이다
그것은 가슴으로가 아닌 머리로 또는 입술로만 쓰인 詩일 것이다.
오늘 진실처럼 보이는 내 詩가 내일 위선이 되지 않기를…

가을편지

달빛내린 들길을 따라 가을로 간다
구절초가 희게 웃고 있는 언덕을 지나
억새꽃 부푼 마음으로 손짓하는
먼 고향 같은 그리움의 들길을

개울에 빠진 달님이 졸고 있는데
흰 구름은 소리 없이 흘러가는데
스산한 달빛이 풀숲을 헤치면
풀벌레울음으로 우는 밤

흐르고 흘러가는데
전하지 못하고 담아둔 말들
달빛 가을이 떠나가기 전에
그녀의 마른손을 잡아보고 싶다

잡초

봄비가 기별을 했나보다
텃밭에 무성한 잡초들
잡초여서 뽑혀야 한다
문득, 왜 잡초일까

역사의 풍랑 속에 뽑혀버린
잡초 아닌 잡초가 되어버린
수 많은 참 사람들
역사는 알고 있다
그늘에서 잡초처럼 무참히
짓밟혀버린 참 사람들을

묻지도 못했다
왜 그들이 잡초인가를
개처럼 끌려가야 하는지를
그리고 죽어야 했는지를
단지 아니라고 했을 뿐인데
잡초가 되었다

겨울나무 · 1

겨울비 촉촉이 내리는 숲에서
나목들이 두런두런 이야기 한다

내 연초록 고운 손 내밀어
반짝이며 웃던 날
나도 그런 날 있었지

푸르고 푸르러 솟고 솟아
하늘 향하여 꿈꾸던 젊은 날
그래 나도 그런 날 있었지

햇님과 입맞춤으로 곱디고운
비단옷 갈아입고 춤추던
그런 날 나도 있었지

비단옷 다 벗고
오늘처럼 비 오는 날에는
가지 끝 눈물이 맺힌다.

그 까짓 꽃이야

그 까짓 꽃이야
배 고프먼 뭔 소용이여
밭가에 동백을 베어내고 연동떡이
한숨처럼 내뱉는 소리다
서울 사는 아들놈이 심어놓은 동백이니
그 놈이 내려오면
엄니는 동백나무를 왜 다 비 부럿소
아 이놈아 밭에는 씨곡을 드려야제
꽃나무가 밥 믹에주냐

밭가에 앉은 연동떡 시름이 아지랑이처럼
피어 오른다.

여름 그늘에서

손수레에 깻단을 가득 싣고 고갯마루를 오르던
유샌이 한숨을 태풍처럼 몰아내면서 하는 말이다
아이고 인자는 못해 묵것네 한 대 피우고 가야것네
유샌이 나무 그늘 아래서 풀어놓은 여정이 팍팍하다
밭농사 중에 고치하고 깨가 요물이여서 비우마치기가
보통 아니요 고치는 다 몰라져 불고 깨가 괜찮게 돼서
집으로 끌어 드릴랑께 일이요
밭농사도 인자 못지묵것소 예전에는 그래도 사람하고
갈라묵고 살았는디 입 댓다하면 다 조제분단말이요
날짐승들이 요새는 입 안 댄것이 없어 반짝 줄 치고
허세비 세워나봤자 무서와 허도 안헌단 말이요

금메 나가 아침밥도 못 묵고 이러고 댕기요
음식을 보면 욕심은 난디 이빨이 못써 못 묵고
망구가 해준 콩물 한 그럭에 쐬주 두 꼽부 묵고
이걸 밀고 댕길랑께 배창시가 올캉 올캉 하요
망구도 허리를 다체 일 못허고
나도 허리가 새비등처럼 휘어 지게가 등허리에
안 붙어 이걸 밀고 댕길랑께 깝깝허요

경운기나 배워놨으면 할것인디 대가리가 미련해서
그것도 못 배우고 전답을 묵혀나 부렀소
처음에는 쌩 빙이 날라글드마 어쩌꺼요
나가 젊을 때는 개 등허리 벼룩처럼 부산하게
이 전답 저 전답 뛰 댕겟소마는 꼬부라져 붕께
소용이 없오 문전옥답도 묵히게 생겼으니

그래도 다행인 것은 망구가 그때 가부렀으면
콩물도 못얻어묵고 나도 보타져 부렀을것인디
사람도 죽고 사는디 포기하고 상께 살아지요

햇살이 그늘을 밀어냈다

여백

내 머리 위에서 녹차향 바람이 분다

거미의 비행

식탁에 앉아

소금

장수라

장수라

2010년 『시와 문화』 신인상으로 시 등단. 한국작가회의, 고흥작가회 회원, 좋은세상 한울림포럼 회원. 문학예술강사.

시작노트

가을은 가벼려서 가을인가?
유난히 더운 여름만큼이나
후유증 심한 가을을 보내고 있다.
나를 스쳐간 인연들!
보내지 않았어도 스쳐 가버린 인연들에 행복을 빈다!

여백

이듬해 여름엔 그 바닷가에 가지 못했다

자갈들의 와글거림과 들썩이는 파도도
더 이상은 조화롭지 않았으므로
그와 이별한 후
나의 여름은 이미 멈추었으므로
마비의 계절은
뜨겁게 가슴을 펌프질했던
그 시간보다 훨씬 짧았으므로
잠시 달궜던 쇠를 당금질 하는 시간보다 짧았으므로

그 여름에 그 곳에 가질 못했다
오직 낙엽만 날리고 있었고
겨울만 있었고
생에 다시는 다른 어떤 것도
내 여백의 풍경을 대신할 수 없었으므로

내 머리 위에서 녹차향 바람이 분다

나무를 사러 간다
사과나무도 좋지만 녹차나무를 키우고 싶었다
화원으로 가는 길은 행복했다
녹차밭 가는 길
꽃향에 취해 있었고
내 옆구리엔 푸른 바다가 넘실댄다.
곁을 지나가는 구경 온 사람들 가슴에도
소쿠리가 하나씩 매달려있다
가마솥에 찻잎을 덖는 살청을 하고
수분을 날리며 유념을 하는 사이

녹차나무는 없는데요.
어디다 심으시게요?
어디다… 어디다… 그러게요
하지만 녹차나무를 심고 싶어요.
나무보다는 심을 땅에 대한 질문만 하는 화원의 주인
그 화원엔 녹차나무가 없다
땅이 없으면 화분에 심지 뭐!
땅속 깊이 뿌리를 내리고 물을 끌어올릴

한 뼘의 땅이라면 좋겠지만…
어느덧
내 머리 위에서 녹차 나무가 자란다

거미의 비행

그가 태어난 곳은 공항 근처 작은 숲
처음 눈을 뜨던 날
비행기를 보고 가슴이 무척 뛰었다지
나도 저렇게 날 수 있으리라
나비도 보았지만
비행기가 첫사랑이었다지
바람부는 날 높은 곳으로 올라가거라
엄마의 말을 기억하는 걸 잊지 않았지
공중으로 떠올랐지만 모두가 날 수 있는 건 아니었어
당신을 지탱해주던 거미줄마저 휘어져 있었다지
눈이 여덟 개나 되었지만
첫사랑에 이미 눈 멀고
먼 바다도 단숨에 건너던 그 총총한 눈빛도 흐릿해졌지
이젠 나마저 모른다하지
바람이 불면 여전히 정처없는 당신
날마다 조금씩 조금씩 자라날 날개를 위해
천천히 몸을 일으켜 세우지

식탁에 앉아

아이들 부산하게 빠져나간 자리
다른 별에서 돌아와 아직 풀지 못한 짐을 풀어볼까?
다음 여행지의 정류장을 기억하려 애쓰며
접시 위 마지막 남은 토스트에 시간을 바른다

아직 졸리운 딸아이에 대한 애잔함이 놓인 의자
등교 시간에 맞춰 뛰어나간 아들의 삐딱한 흔적
십여 년을 마주 본 저 나무의자를 눈길로 쓴다

손을 잡고 원을 그렸지만 둥지에 매달린 모서리 모서리들
쨍쨍거리며 부딪혀 닳아지다가
오다가다 만난 손님 같은 멍자국까지
행주로 훔친다
이젠 잘 깎인 연필 끝처럼 나를 읽어주는 그 모서리
부엌 한 쪽 정물처럼 놓여있는 미래수첩 한 자락에
바퀴를 달아 본다
시계바늘 위에 누워 바늘이 대주는 정류장에 내려
또 헤맬지라도
그 바퀴 차르르 몇 번은 헛돌게도 하면서

내가 가야할 별은 보이지 않지만
휘 둘러보아야지
저 낮달 속에도 별은 빛나니

소금

소금이 필요할 땐 인왕시장으로 간다
주말 저녁상을 위해 봄동도 사고
묵직한 천일염 한 봉지 들고 시장을 빠져나오는데
김장을 앞두고
묵은 소금이 진짜라고
몇 년씩 묵힌 소금은 달기까지 하다며
자루 째 권하는 주인은 천일염 자랑 소금꽃 피운다
삼년 묵은 김치 된장도 아닌 것을
몇 달째 벽에 세워둔다

어머니가 보내주신 김치로 냉장고를 꽉꽉 채워놓고
나의 소금은 그다지 쓰일 일 없이
자루 밑에 돌덩이를 받쳐놓는다
한 바가지 물을 끼얹는다
소금을 사둔 뒤 이대로 녹혀 버린 건 아닌지
짠 기억을 대신했던 쓸쓸함으로
근심 만들 일도 아니라고
나를 가리고 다른 몸으로 녹아드는 즐거움인가
쓴물 빠지면 살아있는 것들을 위해

햇볕과 바람따라 가볍게 떠날 것이니

소금 한 줌 솔솔 뿌린다
숨죽은 배춧잎에 내 일상의 뻣뻣함도
부드럽게 잦아들 것만 같은데
결코 썩지 않을 테지만
다디 단 소금이 된다니
하얀 햇살이 손에 만져지면
파닥이는 바다 생명들 사이를 흘렀던 짜디짠 기억들
얼마 안 있어 향기롭게 입안에 고일 거라고

닥나무

아궁이 속으로

등나무 학교

근조

경계

조경선

조경선

서울 출생. 〈전태일문학상〉 시부문을 수상하며 작품활동 시작. 작품집 『서울 여자 시골선생님 되다』가 있으며, 지역에서 독서동아리, 시집 토론 등 문학발전과 정서 함양에 힘씀. 현재 고흥작가회 총무.

시작노트

여름에 교육산문집을 냈습니다. 아이들과 동료 선생님들에게 사랑을 받았습니다. 수고했다고 말해주셔서 고마웠습니다. 고흥작가회, 책을 한 권 내니 얼마간 기운이 딸렸습니다. 이제는 마음 속의 열망을 시로 써보고 싶다는 생각이 커졌습니다. 능력 모자람과 게으름보다 더 경계해야 할 것은 초조함이겠으나 그 초조함을 보내고 나니 가을입니다.

닥나무

오랫동안 바닥에서 바스락거리다

파리한 말의 잎사귀들을 하나씩 뜯어버리고
질긴 껍질도 살살 걷어내고
펄펄 끓는 강물 속으로 흐르고 흐르다
어느 들판에 이르러선 맨 몸으로 누워 땀 흘리다
기어이 잿물까지 들이마실 줄 아는 마음

번번히 놓쳤던 한지 속살 같은 당신, 詩여

아궁이 속으로

어스름 비자나무 숲을 걸어 내려와
금탑사 스님께 인사를 드리니
공양간으로 가자!
녹차물에 말아 곱게 풀어진 밥
절간에서 키운 짙은 나물 무침

가마솥에 깨를 볶으리 콩을 볶으리
마른 후박나무가지를 넣을까요

할미 앞에 쪼그려 앉으니
두 볼 두 손바닥 두 무릎 두 마음
모두 아늑하게 달아 오르는 것이 보인다

재투성이가 불씨가 되는 따뜻한 구멍
그 아궁이 속으로

등나무 학교

거대한 그물에 치렁치렁 매달린 교실
늦은 시간까지도 불 밝히지 못하는 아이들은
붉은 두드러기를 긁으며
고개 숙이고 있다
네모난 창 구멍 속으로
등나무 꽃들이 별똥별처럼 내려앉는 저녁
선생님도 아까부터 눈 감고 계신다
긴 장마에 바람 불어도
어김 없이 어린 봄은 또 와서 쿵쾅거리고

그렁그렁 꽁지에 불 밝히며 쏟아지는
오래된 학교의 등나무 꽃송이들
아이들 머리 위로 날린다

근조

큰 소가 주저앉았다
시름시름 누런 설사를 쏟더니
어린 송아지 옆에 영영 누워버렸다
붉은 살덩어리 동맥 큰 눈망울 모두 소신공양된
갈기갈기 펼쳐진 허기진 마당에는
누린내가 번지며 핏물이 넘친다
시골 잔칫날 먹자판이 되어 북적거리는 한 구석
습기찬 외양간
눈이 맑은 송아지는 젖병의 분유를 오물조물 잘도 먹는다
뿌연 연기가 휘어지는 오후
소의 윤회를 생각한다
소와 함께 여행을 가는 꿈
복사꽃 그늘 아래서 낮잠 자는 꿈
갈갈이 도살되고 강제로 묻히는 세상에 소똥 퍼지르는 꿈

소와 인간 사이에 죄가 크다

경계

시골길 중앙선 근처에서
느닷없이 마주친 개 한 마리
비틀어진 목덜미에 흐르는 검붉은 피
입가에 거품을 물고도 눈을 감지 못해 깜빡거린다
누렇게 찌든 털은 빳빳하게 곤두섰는데
이마에는 싸락눈의 흐린 기억들이
마지막으로 내려 앉는다

어쩔거나, 이 어둑한 날에
여린 시신 하나가 쏟아낸 뭉클한 슬픔 위를
끈적하게 밟고 지나가는 사람들

| 작품해설 |

시로 그린 '고흥 풍경도'

- "입추"에서 "만추"까지

이 종 섶 | 시인

| 작품해설 |

시로 그린 '고홍 풍경도'

- "입추" 에서 "만추" 까지

이 종 섶 | 시인

프롤로그

볼펜에 연꽃이 피고
젖과 꿀이 흐르는
잉크의 강에
감동이 뛰어든

- 김훤구, 「그런 날을 기다리며」 전문

"볼펜에 연꽃이" 핀다. 이 말엔 상징의 자극이 가득하다. "볼펜" 은 필기류 중에서 가격이 가장 싸다. 품질도 낮은 편이다. 만년필의 대척점에 서 있는 "볼펜" 으로 시를 쓰는 사람들. 어쩌면 시를 쓰는 자신이 "볼펜" 인지도 모르고, 남들이 그들을 "볼펜" 으로 여길지도 모르는 사람들일 것이다.

그들은 "볼펜에 연꽃이 피"는 것을 갈구한다. "볼펜" 속에는 "젖과 꿀이 흐르는/잉크의 강"이 있기에 그 "강"에 "감동이 뛰어든"다. 바로 "그런 날을 기다리며" 글을 쓰는 사람들이 고흥작가회 시인들이다.

그대는 아는가
홍얼홍얼 콧노래에서
오동나무는 자라고
봉황이 깃을 접는 것

-김훤구, 「콧노래」 전문

만년필도 아니고 컴퓨터도 아닌 "볼펜"으로 시를 쓰는 것은 서민이나 서민 이하의 삶을 떠올리게 한다. 그런 사람들과 그런 사람들의 글쓰기는 얼핏 고단하거나 지루하다는 인상을 받을 수 있다. 그러나 「그런 날을 기다리며」와 쌍을 이루는 「콧노래」를 보면, "홍얼홍얼 콧노래"가 나오고 그 "콧노래에서/오동나무는 자라고/봉황이 깃을 접는" 것을 "그대는 아는가"라고 반문하고 있다. "볼펜"으로 시를 쓰는 일이 이렇게 즐거울 수 있기에 가능한 일이다.

인생 자체가 "볼펜"인 사람들이 이렇게 "홍얼홍얼 콧노래"를 부르면서 "볼펜"으로 써내려간 시들이 있다. 연못에 "연꽃이 피고" 잉어("감동")가 뛰어노는 풍경이다. 그 풍경을 보며 부르는 "콧노래에서" 악기도 만들고 가구도 만드는 "오동나무"가 "자라고" 새 중의 새인 "봉황이 깃을 접"고 앉아 있다. 풍경과 시인이 어우러진 살아있는 그림 한 폭이다.

고흥 풍경도

고흥작가회 시인들이 그린 '고흥 풍경도' 에서는 "입추"(김휜구)에서 "만추"(김명숙)까지를 다루기로 한다. "바닷가 솔밭에" "바람이 떼지어" 살면서 "어제 새벽에/이불을 덮었느냐고" "자리를 펴고 앉아/이야기를 나"(김휜구, 「입추」)누고 있는 "입추" 무렵부터가 고흥 풍경도가 시작하는 계절이다.

이 고흥 풍경도를 배경에서 주제로 좁혀 들어가는 줌인기법으로 살펴보자.

> 그 몇 칸 동편 뻘에 한 척의 낡은 木船이
> 병상처럼 갯벌을 뒤척인다
> 사랑방에 배를 움켜쥐고 나뒹굴던 당신처럼.
> 그 안단이 돌팔이의 늘 괜찮다 괜찮다하며
> 서투르던 그 진단처럼
> 뻘의 가슴 깊이 두 가닥 청진기를 대고
> 고개를 갸웃갸웃하고 섰는 한 마리 황새
>
> \- 오동규, 「갯벌 전개도展開圖」 부분

고흥 풍경도는 주 배경인 바다가 한 눈에 들어온다. "뻘"이 있고 "낡은 목선"이 있고 "황새"가 있다. 배경을 이루는 소재 세 가지가 하나의 이야기로 엮어져 있다. "낡은 목선이/병상처럼 갯벌을 뒤척"이고 "황새"는 "뻘의 가슴"에 "청진기를 대고" 진찰을 하고 있다. 이것은 다시 "사랑방에 배를 움켜지고 나뒹굴던 당신"을 "돌팔이" 의사가 "서투르"게 "진단"했던 것처럼 "뻘의 가슴"에 "청진기를" 댄 "황새"도 마찬가지로

"고개를 갸웃갸웃하고" 서 있는 것으로 구체화된다. 고흥 풍경도의 배경이 되어주는 바다지만, 단순한 배경으로 끝나지 않고 그 배경 속에 배경 자체의 의미와 주된 풍경의 의미까지 담아서 보여주는 바다. 이것이 고흥 풍경도에 들어있는 배경의 매력이다.

> 넘실대는 둥근 파도 다독이듯 고갤 끄덕이며
> 동글동글 연기 동그라미 허공으로 토해 올리는 발동선 같은
> 얼마나 많은 날들의 꿈과 희망 동그라미
> 하늘에다 올려 보내야
> 하루 밤 지나가는 영혼의 보름 달 빛 등
> 달아 놓을 수 있을까 몰라
>
> \- 이광호, 「끝없는 질문」 부분

그 바다에는 "동글동글 연기 동그라미 허공으로 토해 올리는 발동선"이 있다. "연기"를 "토해 올"린다고 하니 건강에 이상이 있다는 증거. "많은 날들의 꿈과 희망"에 문제가 있었을까. 그것들을 "하늘에다 올려 보내야" 하겠지만 그럴수록 "토해"낸 "연기"처럼 사라지고 말 것이니, 이것은 어쩌면 오동규가 「갯벌 전개도展開圖」에서 말한 "사랑방에 배를 움켜쥐고 나뒹굴던 당신"의 부질없는 "꿈과 희망"이었는지도 모르겠다. "당신"이 사라진 바다에는 필연적으로 한 여인네가 등장하고 자식들이 등장한다. 그 억척스런 세월이 흘러 이제는 주체가 자식들이 되어 어머니로 불리는 그 여인. 그리고 그 자식들의 이야기. 모두 다 "꿈과 희망"을 "하늘에다 올려 보"낸 "당신"이 없음으로 인해 생겨난 고흥사람들의 이야기다. 그

러기에 고흥 사람들은 타지에 가서도 "빈 박스 가득 싣고 리어카를 끄는 노인의 그림자가/파도처럼 출렁거"(김선자, 「만삭」)리는 광경을 목격하면서 "울컥"(김선자, 「성에꽃」)하는지도 모른다.

어머니가 홀로 헤쳐 가던 바다, 시퍼런 눈물을
꽃처럼 건너갈 종이배는 없었지만
흩어진 빛살과 솔잎들을 엮어 띠배를 만들고
아내와 아들과 함께
시적시적 먼 황혼을 향해 노를 저었다

그 노래, 여전히 출렁이는 물결을 머금고 있었다
달과 별들의 조명 아래
수평선으로 만든 마이크 줄을 살포시 감아쥐며
붉은 입술, 한껏 멋을 낸 김해 김씨 김여사의 블루스는
어느 섬들 사이로 황혼처럼 목이 메고 있었다

- 박부민, 「황혼의 블루스」 부분

"당신"이 사라진 바다는 "어머니가 홀로 헤쳐 가던 바다"로 변한다. "어머니가" 흘려야 했던 "시퍼런 눈물"이 저 푸른 고흥 바다보다 더 깊고 힘겨웠을 것이다. "꽃처럼 건너갈 종이배가 없"어 "흩어진 빛살과 솔잎들을 엮어 띠배를 만들고/아내와 아들과 함께/시적시적 먼 황혼을 향해 노를 저"어가는 풍경이란 얼마나 안쓰럽고 고단할 것인가. 그 풍경을 보아야 하는 어머니는 참으로 가슴이 아팠을 것이다. 어느 밤 "달과 별들의 조명 아래/수평선으로 만든 마이크 줄을 살포시 감아쥐며/붉은 입술"로 부르는 "노래"는 "출렁이는 물결을 머금

고 있었"고 "황혼처럼 목이 메고 있었"기 때문이다.

그러나 우리는 안다. "하얀 햇살이 손에 만져지면/파닥이는 바다 생명들 사이를 흘렀던 짜디짠 기억들/얼마 안 있어 향기롭게 입안에 고일 거라"(장수라, 「소금」)는 것을. 그것이 바로 고흥의 토양이어서 고흥 사람들을 그렇게 만들어간다는 것을.

콘크리트 쳐 발라
만든 꼬불꼬불한 길
군데군데 벌어진 틈새에
철따라 꽃이 핀다.
뿌리고 심는 것도 아닌데
가녀린 꽃대에 핀 꽃은
생명의 희열 만끽하고
오늘도 만족한 듯 꽃씨 날린다.

- 남선현, 「꽃잎에 바람 불면」 부분

바닷가 마을은 해안에 도로가 있고 그 길을 따라 마을로 들어간다. "콘크리트 쳐 발라/만든 꼬불꼬불한 길"이다. 그 길 좌우에 "군데군데 벌어진 틈새에/철따라 꽃이" 피고 진다. "뿌리고 심는 것도 아닌데/가녀린 꽃대에 핀 꽃은/생명의 희열 만끽하고/오늘도 만족한 듯 꽃씨 날린다." "콘크리트"로 포장한 "꼬불꼬불한 길"은 "숨 쉴 곳 없이 틀어막은 인위적 행위"임에도 "생명"을 "멈추게 할 수 없"다. 아무리 "뜯고 자르고 막아도 씨앗은/골목길 틈새 헤집고 피어"나기 때문이다.

"길가에 핀 작은 꽃에서/자기를 완성하고/꽃세상을 만들어 살아가는 들꽃."(김휜구, 「늦지 않았습니다」) 이것이 바로 고흥의 생명력이다. 오랜 세월을 지나오면서도 "철따라 꽃"을 피우기를 쉬지 않았던 고흥의 아름다운 노래다. 그러기에 고흥의 "무덤가"에는 "하얗게 무리지어 핀 코스모스 잎들"이 "어머니 닮은 얼굴로/하늘거리며 서 있"(김선자, 「코스모스」)는 풍경을 볼 수 있는 것이다.

나이도 이름도 없이
세월의 흐름에 실려
오늘까지 함께한 나날들
희노애락 수 많은 사연들
주렁주렁 매달고
하나둘 꺼내주는
내 마음 속 보석상자

- 양동선, 「정자나무」 전문

"철따라 꽃이" 피는 "꼬불꼬불한 길"을 따라 마을로 들어서면 "정자나무"가 보인다. "나이도 이름도 없이/세월의 흐름에 실려/오늘까지 함께한 나날들"과 "희노애락 수많은 사연들"을 "주렁주렁 매달고" 있다가 필요할 때마다 마을 사람들에게 "하나둘 꺼내주는/내 마음 속 보석상자"다.

이렇듯 고흥 풍경도 속의 꽃과 나무는 고흥을 상징하는 듯 잘 어우러진다. 길 가에 피어있는 "가녀린" "꽃"이 그러하고 마을 입구에 서 있는 "정자나무"가 그러하다.

(느그 엄니가 시집 막 와서
샐팍으로 들어오는디

하, 나는 코스모스가 걸어온 줄만 알았이야
음마, 인자 그 머시냐잉
속치마 고름 풀어헤치는디
코스모스 잎삭이 한나썩 한나썩
뜯어져갖고 날라다니드마
긍게 그것을 잡을란디 손에 잘 안 잡히드랑게
하이고 하양 속살은 또 월메나
맨들맨들하든디야
나가 그날 코스모스 밭길을 걷고,
또 걷고 밤새 걸었이야)

- 김선자, 「코스모스」 부분

"정자나무"가 있는 곳 부터 본격적으로 시작되는 마을의 집마다 살가운 부부들이 살고 있다. "느그 엄니"라는 표현으로 보아 아버지가 자식에게 해주는 말일 텐데, 아마도 아버지의 말을 듣는 자식들도 그와 같은 삶을 살지 않을까 하는 것을 짐작하게 한다. 대대로 그런 사람을 만나 그런 사랑을 나누며 살아가는 사람들의 이야기다. 자식에게 하는 이야기니만큼 속 깊고 진실하며 은근슬쩍 자랑삼아 말하는 내용에서, 이만한 사랑이 어디 있을까 싶기도 하다. 아름답고도 아련한 서정의 성취가 압권이다.

아내 될 여자가 들어오는 것을 보는 순간 "코스모스가 걸어온 줄만 알았"고 "속치마 고름 풀어헤"칠 때는 "코스모스 잎삭이 한나썩 한나썩/뜯어져갖고 날라다니"는 것만 같았다. "하양 속살은 또 월메나/맨들맨들하든"지 "그날 코스모스 밭길을 걷고,/또 걷고 밤새 걸었"다. 아내를 처음 본 순간의 이야기를 이리 생생하게 자식에게 이야기를 한 아버지라면 그 아내와 평생 진실한 사랑을 나누었을 것이고, 그 자식들 또한 그런 부모를 보았으니 그 부모처럼 서로를 위하며 살았음은 능히 짐작하고 남음이 있다. 고흥 풍경도 속에 보이는 마을 사람들 모두가 이와 같은 살뜰한 가정을 이루었을 것이라고 생각하는 순간, 얼굴 가득 "코스모스" 같은 웃음이 번진다.

나는 하늘을 품은 땅, 뚜껑이 덮이면
내 속은
고요한 우주가 된다
옛 할머니로부터 대를 이은 나는
그저 조용한 여성이다 한 어머니이다
삶의 터전이 되는 나는
봄을 낳는다 지금은 봄이다

- 이기현, 「항아리」 부분

아버지가 첫날부터 그렇게 좋아했던 "어머니"는 "하늘을 품은 땅"과 같은 존재였다. "뚜껑이 덮이면" "어머니"의 "속은/고요한 우주가" 되었다. "옛 할머니로부터 대를 이은" "어머니"는 "그저 조용한 여성"일 뿐이나 실상은 "삶의 터전이" 된다. "봄을 낳는" 존재요 "지금"을 "봄"으로 만드는 사람이다.

너덜너덜 허름한
하지만 넉넉함과 당당함
비바람 북풍한설
물렀거라 외치면서
두둥실 떠 있는

보름달을 안고서
나뒹구는 늙은 호박 벗을 삼는
이웃집 다정한 노신사

- 양동선, 「초가지붕」 전문

"이웃집" 엔 "다정한 노신사" 도 있다. 비록 집은 "초가지붕" 일지라도 "너덜너덜 허름한" 것에 굴하지 않고 "넉넉함과 당당함" 으로 "비바람 북풍한설" 을 "물렀거라 외치면서" 평생을 살아온 가장의 자서전 같은 기록이다. "두둥실 떠 있는/보름달을 안고서/나뒹구는 늙은 호박 벗을 삼는" 운치와 낭만도 부릴 줄 아는 멋스런 사내의 이야기다. 그런 사람이 자기 집에 있고 이웃집에도 있는 고흥 풍경도. 볼수록 그 깊은 맛이 은은하게 풍겨난다.

막버스는 나를 내려놓자마자
산모퉁이를 돌아 잽싸게 사라졌다
멍한 듯, 한참을 그 꽁무니의 흐린 불빛을 바라보았다
다시, 달빛도 없는 귀로
터벅터벅 어느 굽이 돌아갈

- 박호민, 「반디」 부분

"이웃집 다정한 노신사" 는 어떤 사람일까. "저문 산길엔 아무도 없고/산비둘기 울음만 글썽이며 흩어" (김선자, 「봄 산길에서」)지는 "막버스" 를 타고 다니는 것을 보면, 당일 일이든 오랫동안 먼데 일이든 다녀온 사람일 것이다. 바다가 있는 고흥이지만 바다 일을 하지 않는 사람도 사는 고흥의 모습은 여느 바닷가 마을과 크게 다르지 않다.

고흥읍내 버스터미널

아이들 딸린 이주여성들은 탁자에 모여 떠들어 대고
차를 기다리는 사람들은 TV 한 곳에 눈이 틀어박혔다
- 송만철, 「닥치리라」 부분

"노신사"가 "고흥읍내 버스터미널"에서 본 풍경 또한 그렇다. "터미널 사거리 빵집"에는 "빵들이 빵긋빵긋 웃고 있"다. "배고픈 사람들은 빵을 사러 들어"간다. "빵을 먹을 때 사람들은 착"하다. "빵을 다 먹고 나면 사람들은 착하지 않"다. "그런 사람이 싫"고 "그런 빵이 싫"은데도 "나 역시 빵집 문을 열고"(박부민, 「빵」) 들어간다. 그런 "터미널" 한쪽에 "이주여성들"이 보인다. "고흥"에도 이주여성들이 살고 있기 때문이다. 여기저기 흩어져 살면서 "아이들 딸린" 가정을 이루고 있을 것이다. 가끔씩 "고흥읍내"에 모여서 수다를 "떠들어 대고" 하면서 저마다의 외로움과 아쉬움을 달랠 것이다.

고흥에 등장한 "이주여성들"이 익숙해진 풍속도라면, 서서히 불어오는 변화의 바람을 느끼게 되는 것 또한 고흥의 새로운 풍속도다.

나무를 사러 간다
사과나무도 좋지만 녹차나무를 키우고 싶었다
화원으로 가는 길은 행복했다
녹차밭 가는 길
꽃향에 취해 있었고
내 옆구리엔 푸른 바다가 넘실댄다.

곁을 지나가는 구경 온 사람들 가슴에도
소쿠리가 하나씩 매달려 있다
가마솥에 찻잎을 덖는 살청을 하고
수분을 날리며 유념을 하는 사이

(중략)
어느덧
내 머리 위에서 녹차 나무가 자란다

- 장수라, 「내 머리 위에서 녹차향 바람이 분다」 부분

"녹차나무를 키우고 싶"은 마음. 인근에 그 유명한 보성 녹차밭이 있어서 그런 마음이 든 것일까. 나무를 사기 위해 "화원으로 가는 길은 행복했다." "녹차밭 가는 길"을 생각해보면 언제나 "꽃향에 취해 있었고" "옆구리엔 푸른 바다가 넘실"댔다. 결국 "화원"에 "녹차나무"가 없어 살 수 없었지만 "어느덧/내 머리 위에서 녹차 나무가 자란다"고 상상하는 마음.

여기서 "녹차나무"는 그 자체로 "녹차나무"일 수 있고 어떤 특정한 것의 상징이라고도 할 수 있다. 고흥에 불어오는 변화의 바람을 대변하는 것이 바로 "녹차나무를 키우고 싶"은 마음이라고 할 수 있기 때문이다. 고흥 사람들 안에 불어오는 바람은 무엇일까. 그들 속에 무엇이 꿈틀대고 있을까. 고흥 사람들의 "머리 위에" 무엇이 자라고 있을까. 그것이 "녹차나무"라고 단정 지을 수는 없지만, 분명한 것은 다른 것을 동경하고 그것이 생각 속에서 점점 확장되고 있다는 것이다.

달빛내린 들길을 따라 가을로 간다
구절초가 희게 웃고 있는 언덕을 지나

억새꽃 부푼 마음으로 손짓하는
먼 고향 같은 그리움의 들길을

- 임규상, 「가을편지」 부분

고흥에도 "가을"이 찾아왔다. "달빛내린 들길을 따라 가을로" 가면 "구절초가 희게 웃고 있는 언덕"이 보인다. 그 "언덕을 지나"가면 "억새꽃 부푼 마음으로 손짓하는/먼 고향 같은 그리움의 들길"이 있다. 이 "들길을 따라" 고흥 사람들은 타지로 가기도 하고 타지에서 다시 고향으로 돌아오기도 했을 것이다. 고흥의 가을은 "회고록을 쓰러 모여든/단풍잎들 강물에 불을 댕기고/깻단 터는 아낙의 굽은 등허리/일생을 두른 수건이 노을에 젖"(박부민, 「점등點燈」)는 정취를 간직한 고향의 가을이기도 하다.

아무 때나 떠나가지 마세요.
찬바람이 불어와도 모른 척 하세요.
한낮이 끝나고, 어둠이 날개를 펴
별이 총총 은하수 이루는 밤,
세상이 모두 잠든 틈을 타
기분 좋은 몸짓으로 휘파람 불며
그대 먼 길 떠나세요.
가야할 그 곳에도 큰 강이 있고
밤이면 풀벌레 울고 별이 뜨는 곳이면 좋겠어요.
환한 등불 켜지는 마을이 있고,
따뜻한 마음들이 모여 사는 곳이면 좋겠어요.
그런 곳에 하르르 몸을 뉘이고
풀꽃이랑 도란도란 살았으면 좋겠어요.

- 김명숙, 「만추」 전문

고흥에서는 타지로 나가는 사람들이 대부분이었을 터. 고흥 사람들은 그들에게 이렇게 말한다. "아무 때나 떠나가지" 말고 "찬바람이 불어와도 모른 척하"라고. "한낮이 끝나고, 어둠이 날개를 펴/별이 총총 은하수 이루는 밤,/세상이 모두 잠든 틈을 타/기분 좋은 몸짓으로 휘파람 불며/그대 먼 길 떠나"라고. 그러면서 "가야할 그 곳에도 큰 강이 있고/밤이면 풀벌레 울고 별이 뜨는 곳이면 좋겠"다고 말한다. "환한 등불 켜지는 마을"에 "따뜻한 마음들이 모여 사는 곳이면 좋겠"다고 소망한다. "그런 곳에 하르르 몸을 뉘이고/풀꽃이랑 도란도란 살았으면 좋겠"다고 염원하는 것이다.

떠나는 사람들에게 권하고 있는 이것은 어쩌면 고흥의 원래 모습일지도 모른다. 고흥 사람들의 마음 속에 자리 잡고 있는 이상적인 마을에 대한 동경일지도 모른다. 그런 마을을 그리워하는 동시에 그런 마을을 일구고자 하는 간절한 염원과도 같은 것. 그것이 고흥 풍경도의 주제요 미학이라고 할 수 있겠다.

에필로그

"입추"에서 "만추"까지 이르는 동안의 고흥 풍경도는, '풍경'을 넘어 '풍속'까지 포괄한 '고흥 풍속도'라고 해도 과언이 아니다. 고흥의 풍경과 풍속을 아울러 그린 그림에서 그 모든 것을 가능케 할 수 있었던 원동력은 무엇이었을까.

오랫동안 바닥에서 바스락거리다

파리한 말의 잎사귀들을 하나씩 뜯어버리고
질긴 껍질도 살살 걷어내고
펄펄 끓는 강물 속으로 흐르고 흐르다
어느 들판에 이르러선 맨 몸으로 누워 땀 흘리다
기어이 잿물까지 들이마실 줄 아는 마음

번번히 놓쳤던 한지 속살 같은 당신, 詩여

- 조경선, 「닥나무」 전문

"닥나무"를 노래한 이 시에서 그 해답을 찾을 수 있다. "오랫동안 바닥에서 바스락거리"던 삶이 전부였다. 어떻게 할 수 없었던 그 생에서 "파리한 말의 잎사귀들을 하나씩 뜯어버리고/질긴 껍질도 살살 걷어내"었다. 그리고서는 "펄펄 끓는 강물 속으로 흐르고 흐르다/어느 들판에 이르러선 맨 몸으로 누워 땀 흘리다/기어이 잿물까지 들이마실 줄 아는 마음"으로 내내 살아야 했다. 그런 삶이 결코 쉽지는 않아서 "번번히 놓"치기 일쑤였다. 그럴 수밖에 없었던 원인도 그것을 해결할 수 있었던 이유도 모두 다 "한지 속살 같은 당신" 때문이었다. 그런 "당신"에게 "詩여"라고 부른다.

"닥나무" 같은 생애를 살아온 삶. 그 "닥나무" 같은 생애의 사람을 "당신"이라고 부르는 관계를 맺으면서 함께 가족과 마을 사람으로 어울려 살아온 사람들. "한지"에 글을 쓰고 그림을 그리듯, "한지 속살 같은 당신"에게 글을 쓰고 그림을 그린다. 시인이 시를 쓰고 화가가 그림을 그리듯 "한지 속살 같은 당신" 이 시를 쓰고 그림을 그린다.

"닥나무"가 결국 "한지"가 되듯 고흥 사람들의 마음이 종이가 되어 그 위에 시를 쓰고 그림을 그리는 풍경. "그 풍경이 너무나 좋아/나도 그 곳의 풍경이 되"(김명숙, 「풍경에 빠져 풍경이 되다」)어가는 고흥 시인들. 이것이 바로 고흥 풍경도의 진수이다. ▪